BEI GRIN MACHT SICH IHP WISSEN BEZAHLT

- Wir veröffentlichen Ihre Hausarbeit, Bachelor- und Masterarbeit

- Ihr eigenes eBook und Buch - weltweit in allen wichtigen Shops

- Verdienen Sie an jedem Verkauf

Jetzt bei www.GRIN.com hochladen und kostenlos publizieren

Anton Distler

Ganzheitliches Denken

GRIN Verlag

Bibliografische Information der Deutschen Nationalbibliothek:

Die Deutsche Bibliothek verzeichnet diese Publikation in der Deutschen National-
bibliografie; detaillierte bibliografische Daten sind im Internet über http://dnb.d-
nb.de/ abrufbar.

Impressum:

Copyright © 2004 GRIN Verlag GmbH
Druck und Bindung: Books on Demand GmbH, Norderstedt Germany
ISBN: 978-3-638-92132-9

Dieses Buch bei GRIN:

http://www.grin.com/de/e-book/21927/ganzheitliches-denken

GRIN - Your knowledge has value

Der GRIN Verlag publiziert seit 1998 wissenschaftliche Arbeiten von Studenten, Hochschullehrern und anderen Akademikern als eBook und gedrucktes Buch. Die Verlagswebsite www.grin.com ist die ideale Plattform zur Veröffentlichung von Hausarbeiten, Abschlussarbeiten, wissenschaftlichen Aufsätzen, Dissertationen und Fachbüchern.

Besuchen Sie uns im Internet:

http://www.grin.com/

http://www.facebook.com/grincom

http://www.twitter.com/grin_com

Albert-Ludwigs-Universität Freiburg im Breisgau
Philosophisches Seminar II.
Wintersemester 2003/04
Hauptseminar: *Die Selbstorganisation der Natur. Zur Entwicklung eines Paradigmas der* *Naturinterpretation*
  seit dem 19. Jahrhundert.

Referent: Anton Distler

Ganzheitliches Denken

I.   Vitalismus, Holismus, Spiritualistische Naturforschung, New Age und Ökologie

- Diese Weisen ganzheitlichen Denkens des 20 Jahrhunderts, ausgehend von Idealismus, Klassik und Romantik, verstehen sich als *Opponenten* zum mechanistischen Denken

- Gegenbegriffe zu Analyse, Zerstückelung, Kausalität sind *Einheit, Ganzheit, Lebendigkeit, Spiritualität*;

- Bekanntes Experiment zum ***Vitalismus***: Abtöten von Blastomeren (erste Furchungszellen) bei Frosch- und Seeigeleiern; wird die abgetötete Blastulahälfte entfernt, entwickelt sich die lebende von einer halben Kugel zu einer ganzen, woraus sich eine halb so grosse Seeigellarve entwickelt. Folgerung Hans Driesch´: *Präsenz des Ganzen in den omnipotenten Teilen (sog. Entelechie)*; Tendenz, alles *Physikalische auf das Biologische* zurückzuführen; prominenter Vertreter: Jakob von Uexküll (Alternative Nobelpreis-Stifter; „(...) es (ist) nun an der Zeit, eine Organisationsstruktur zu schaffen, die unseren Krieg gegen die Natur beendet (...).“[1]

- ***Holismus*** versucht die entgegengesetzte Einseitigkeit des Mechanismus und Vitalismus zu überwinden.

Im *engeren* Sinne: Metaphysik soll durch Metabiologie substituiert werden, eine umfassendere biologische Theorie soll Einseitigkeiten beheben. Vertreten vor allem durch Naturwissenschaftler.

Im *weiteren* Sinne: Auf der Betonung des Ganzen (hólon) und in seiner Bedeutung, seines Rechts und Wertes gegenüber den Einzelteilen liegt der Augenmerk vor allem der Kultur-, Geistes- und Sozialwissenschaftler. Physik soll in Biologie als umfassender Wissenschaft aufgehen: 1. *Ableitungszusammenhang* zwischen biologischen und physikalischen Gesetzen und Prinzipien und 2. komplexere biologische G. und P. können nicht aus den einfacheren physikalischen abgeleitet werden.

- *Spiritualistische Naturforschung* am ausdifferenziertesten bei Rudolf Steiners Anthroposophie (Geisteswissenschaft); Steiner nimmt den *Primat des Geistes* über die Materie an, wobei die gegenwärtige Materie in einem kosmischen Prozess zukünftig vergeistigt werden wird (sog. *evolutionärer Hylozoismus*); Geist ist *gnostisch* (Läuterung) vorgestellt, als Fülle eines *überirdischen, immateriellen* Bereichs, dem die materielle Welt in Form eines Abstiegs (*Devolution*) entstammt; das Tier stammt vom Menschen ab, d. h. der Mensch setzte die Natur, in seiner Evolution zu Rationalität und Freiheit hin, aus sich heraus; Steiner strebt Synthese von Wissenschaft, Magie und Religion an in Form einer *anschauenden Naturwissenschaft* und einer *übersinnlichen Naturforschung* in drei Erkenntnisstufen (Imagination, Inspiration, Intuition) bei Ausbildung meditativer Fähigkeiten.

- Die *New Age-* Bewegung verbindet Holismus, Spiritualismus und die Schichtentheorie der Natur Nicolai Hartmanns, dies zudem ergänzend in eklektischer Weise und zwar aus Mythologie, östlichen Philosophien und Meditationssystemen und anderer Quellen. Ziel ist unter anderem die Diskussion der Aufhebung der Dualismen, die stets, so Ken Wilber, in *Paradoxa* münden, „wenn (der Verstand) das Absolute zu erfassen sucht." Auch er beruft sich auf den Satz, dass das Ganze (GEIST) mehr ist als die Summe seiner Teile (Dualismen). Einzig echte Kontemplation erweist „unmittelbares Wissen des GEISTES um den GEIST (...)."[2] Das menschliche Bewusstsein soll laut Fritjof Capra in einer „Kommunion mit dem Kosmos"[3] in einen transpersonalem Zustand erweitert werden. Die Erde wird als ein Quasi-Lebewesen betrachtet, mit einer den kybernetischen Systemen gemässen Rückkopplung an eine alles umfassende, komplexe und zielorientierte Einheit. In der Wende zum Wassermannzeitalter soll es, durch eine geistige Transformation des Indiviuums, zu einer Harmonisierung/Spiritualisierung des Universums kommen.

- Gegenwärtig setzt v. a. die *__Ökologie__*-Bewegung holistisches Denken fort. Ökologische Nischen werden integriert in größere Zusammenhänge (und Wechselbeziehungen der Teile zum Insgesamt, der natürlichen und künstlichen Um- und Mitwelt), die wiederum in noch größere und so fort. Verschiedene Teilbereiche: *out-Ökologie* (Beziehung des Einzelorganismus zu seinen äußeren Existenzbedingungen); *System-* oder *Populationsökologie* (bezüglich eines einheitlichen Organismuskollektivs); *Syn-Ökologie* (Erforschung von Lebensgemeinschaften verschiedener Arten in ihren Beziehungen nach innen und aussen). Die *ökologische Kritik* schlägt sich mehr in der Ethik als im ästhetischen Aspekt nieder. Die Ethik kann sich nicht an der Festschreibung des *status quo* der Naturgeschichte mühen, würde dies konservative, der Natur geradezu kontradiktorische Grenzen implizieren. Sie könne wohl unserem emotionalen Empfinden entsprechen, ist aber rational und im Blick auf die Prozesshaftigkeit der Natur nicht zu rechtfertigen.[4] Dennoch liegt gerade hier der Punkt, wo wiederum dem Menschen bezüglich der Machbarkeit und der Umsetzung seiner Erfindungen, etc. Grenzen gesetzt sind, will der Mensch als solcher *überleben*.

II.   Theoretischer Aspekt

Grundannahmen holistischen Denkens: *Orientierung am Ganzen*, *Primat* des Ganzen gegenüber den Teilen, *Übersummation*, explizite *Opposition* zum Mechanismus, die Welt als lebendiges Ganzes, als Organismus oder „(...) lebendes System", dessen Eigentümlichkeit „(...) auf der Korrelation verschiedener Bestimmungen"[5] beruht.

Karen Gloy sieht hingegen den Mechanismus einseitig und polemisch interpretiert. Unterstellt werde u. a., dass das Ganze keine anderen Eigenschaften habe als die in den Teilen formulierten, dass das Ganze aufgrund der Insistenz auf den Teilen vernachlässigt werde. Diese Kritik sei unhaltbar, da z. B. Maschinen bzw. das als Maschine konzipierte Universum/Natur in deren Arrangement teleologisch gedacht, und da Maschinen Kunstwerke und in derselben Weise wie Organismen beurteilbar seien. Der Ausgangspunkt, ob vom Ganzen oder ob von den Teilen, scheint demnach ein Unterschied zwischen holistischem und atomistisch-mechanistischem Denken.

Zudem interessiert das Zusammenwirken der Organismen, welches unter anderem als *Holobiose* bezeichnet wird. Ihr gemäss sind alle höheren und komplizierteren Organismen aus einfacheren und niedrigeren hervorgegangen, z. B. die Zelle (als „Grundeinheit des Lebendigen"[6]). Hartmanns Schichtenmodell (als Lehre vom Aufbau der Gesamtwirklichkeit aus verschiedenen Wirklichkeitsbereichen) vermutet eine dritte Form der Determination (also weder die Annahme seelischer Kräfte, teleologischer Prinzipien noch das rein physikalische Kausalitätsprinzip), nämlich einen *nexus organicus.* Darunter wird die Schichtung und Interdependenz von Determinantenklassen (organisches, anorganisches, seelisches und geistiges Sein) in einer *hochkomplexen Synthese heterogener Determinationsformen* verstanden, wie z. B in den Phänomenen des formbildenden Prozesses, der *Selbstregulation* (im Sinne eines Strebens nach dem Gleichgewicht, der Konstanz des inneren Milieus) oder der *Reproduktion* ersichtlich. Die holistische Struktur der Natur bestehe in der aber *nicht* auseinander ableitbaren Kohärenz heterogener Determinationstypen, daher *Schichtung.*

David Bohm entwickelte diesen Gedanken weiter und setzte mit der sog. Holographie sein Modell des *Hologramms* um. Er postuliert für das ganze Universum (geteilt in eine explizite, „entfaltete", gleich der Welt der Objekte im leeren Raum und implizite Ordnung, den Wurzelgrund, einer Art morphogenetischem Feld)) eine dynamisierte Form holographischer Ganzheit, der zufolge bei beliebiger Teilung eines Bildes die gesamte Form des Bildes in den Teilen bewahrt wird. Alle Strukturen der Natur gingen aus dieser sog. *Holobewegung (holomovement)* hervor und zwar in jeder dynamischen Sequenz als deren implizite Ordnung „eingefaltet".[7]

Einer Ganzheit, verstanden als lebendes System, „(...) dessen wesentliche Eigenschaften sich aus den Beziehungen zwischen den Teilen entwickeln", sind *drei Merkmale* eigen: die Form des Organismus, der geordnete Zusammenhang aller Stoffwechselleistungen und der geordnete Ablauf eines Bewegungsgefüges.[8] Durch dynamische, also prozesshafte Rückkoppelung zwischen Teilen, Ganzem, der Biosphäre bis hin zum Weltall erfolgen permanente Transformationen, die sich in Anpassung, Selektion, Variation äussern. Dieser andauernde Prozess liesse sich in drei Phasen einteilen: die *chemische* Evolution, der durch Selbstorganisation sich vollziehende *Übergang vom Unbelebten zum Belebten* und die *darwinsche Evolution.*[9] All diesen Entwicklungsstufen sind *Zwecke* eigen, die aber zum einen nicht vom Interesse geleiteten Menschen in die Natur hineingelesen werden könnten, „noch ist die gesamte Natur teleologisch auf ein absolutes Sein hingeordnet, (...) dem sie entgegenstrebt."[10] So sind neben den Wirk- auch die Zweckursachen von Wichtigkeit, will man mit Kant den Unterschied einer Maschine und eines belebten Organismus im Verhältnis von Teil und Ganzem so verstanden wissen, dass der Organismus eine in den Organen bildende Kraft besitzt, die zum einen das Ganze am Leben hält, als auch selbst vom Ganzen am Leben erhalten bleibt. Dieses durch unablässige Eigenaktivität gekennzeichnete *Selbsterhaltungsstreben* ist nur belebten Organismen, mithin der ganzen sich selbst organisierenden Natur, nicht jedoch Maschinen, einem Uhrwerk z. B., immanent eigen. Doch in der Verbindung der organismischen und mechanischen Erkenntnisweise liegt das eigentliche Problem, das des *Grundes der Welt* schlechthin, der für Kant durch keine Vernunft begreifbar „(...) im übersinnlichen Substrat der Natur (liegt)."[11] Dieses übersinnliche Substrat findet viele Namensgebungen und Entsprechungen wie zum Beispiel „Orgon" von Reich, „Nullpunktenergie" von Bearden, „Biogravitation" von Dubrow, „implizite Ordnung" von David Bohm, „morphogenetische Felder" von Sheldrake, die „Biophotonen" von Popp, u.a. (Vgl. Anmerkung 7.)

III. Ästhetischer Aspekt

Das Ganze ist ebenso unter dem Gesichtspunkt des *Schönen* (neben dem Wahren und Guten) zu begreifen. Gernot Böhme grenzt ab: Erstens gegen Kants Ästhetikverständnis (Sinnlichkeit und Wahrnehmung), zweitens gegen die klassische Ästhetikauffassung von Schiller bis Adorno (Mittelpunkt animal rationale, Ausklammerung der Leiblichkeit). Die holistische, ökologische Ästhetik hingegen betont die *leiblich-seelisch-geistige Einheit* des Menschen, will Ästhetik als Nahrung für die Seele verstanden wissen. *„Das Andere der Vernunft"* (Buchtitel der Brüder Böhme) ist gefragt, also der Leib *und* auch die Irrationalität, Emotionalität, Sinnlichkeit, Visionen.[12]

Auch der Gegenstand wird auf die *natürliche Umwelt*, die *Natur* beschränkt. Mit *Natur (an sich*) kann zum einen das *Oppositum* zu Kunst und Technik gedacht werden (die Natur als Fluchtperspektive, Ort der Sehnsucht, etc.), zum anderen die *artifizielle*, also durch jegliche Technik veränderte Natur (z. B. auf Industrielandschaften, Weltausstellungen, Freizeitparks angewendet) oder aber drittens die *kultivierte, sozial definierte und –konstituierte* Natur (z. B. der gewaltsamer geschaffene französische Garten oder die sanftere englische Parklandschaft). Die Gestaltung der Natur erweist sich als *Machtkampf* oder als *partnerschaftliche Beziehung*. Das Verhältnis Mensch-Natur soll, will es ökologisch-ästhetischen Kriterien genügen, eine *ästhetisierte Symbiose* sein. Angedacht wurde dies unter anderem im Städtebau, doch geht der momentane Trend hin zum Städteverfall.

IV. Ethischer Aspekt

Wichtiger als der theoretische und ästhetische Aspekt erscheint der Ökologie-Bewegung vor allem der ethische Diskurs. Die sog. *biozentrische Ökoethik* setzt sich zum Teil radikal von der *anthropozentrischen*, das mechanistische Paradigma leitenden Ethik ab. Auf den Primat des Menschen wird verzichtet.

Leitfragen im Hinblick auf die Zukunft: Wie sollen wir *leben*? Wie uns gegenüber der Natur *verhalten*? Wie weit in sie *eingreifen* - all dies *ohne* uns *zu schaden* und zu überleben!

Angesichts der anhaltenden Umweltzerstörung, der zunehmenden Ressourcenknappheit und der daraus resultierenden schlechter werdenden menschlichen und wirtschaftlichen Bedingungen ist eine permanente Neuorientierung gefragt. Die Bevölkerungsverschiebung tut ihr übriges dazu. Die sog. „erste" und „zweite" Welt wird soziale, wirtschaftliche und umwelttechnische Probleme aufgrund *fehlenden* Nachwuchses haben, die sog. dritte Welt aufgrund des Gegenteils, also einer enormen Zunahme der Bevölkerung.

Entwicklung:

1. *Christliche Ethik*, differenziert in ontologischen und ethischen Anthropozentrismus, besagt, dass der Mensch über die Natur zu seinen Zwecken verfügen darf, dass die Natur zu keinem anderen Zweck als dem des Menschen erschaffen worden sei. **2.** Selbst ohne Glauben oder anderer religiöser Legitimation ist der *humanistische* (aufgeklärte) Mensch das einzige Rechtssubjekt, der Natur können solche Rechte (auf Unversehrtheit z. B.) nur per Dekret zuerkannt, nicht anerkannt werden. **3.** Die *biozentrische, ökologische* Ethik setzt auf die Suspendierung des anthropozentrischen Standpunktes und zu- oder anerkennt die Eigenrechte der Natur. Die Natur im Sinne einer *Rechtsgemeinschaft*, treuhänderisch vertreten durch den Menschen. *Rechte*: auf Existenz; Unversehrtheit; Schutz, Hege und Pflege; Gleichheit und Gleichbehandlung; Unparteilichkeit; Wiedergutmachung für erlittenen Schaden; Notwehr/Widerstandsrecht. Das Extrem einer idealen und vollkommenen Gleichrangigkeit stößt nicht nur auf Kollision subjektiver Interessen, sondern scheitert, so Gloy, „(...) bereits aufgrund des objektiven Tatbestandes, daß eine Existenz von der anderen lebt und ein Seiendes das andere aus seiner Stelle verdrängt."[13] Abstufungen sind die Folge, es resultiert meist keine rein biozentrische, sondern eine gemischte Ethik.

Komplikationen:

Radikal holistisch-ökologische/biozentrische Ethik auf Basis der *Zweckmässigkeit/Teleologisierung* der somit sakralisierten Natur (Legitimationsbasis wäre die Idee einer universellen „Homöostase der Natur"[14]) verfällt in Starre bzw. Handlungsunfähigkeit. Fazit wäre das *Dilemma*: Natur über das Ich oder umgekehrt, *das Selbst oder das Andere*. Selbst Rückzugsstrategien (Askese, Quietismus, Beschränkung auf das Notwendigste, Simplifizierung der Lebensführung u. ä.) kommen nicht umhin, dass sich Leben „(...) nur auf Kosten anderen Lebens und Seins erhält."[15]

Modifizierung:

Erkenntniskritisch folgte eine *Relativierung* (Verzicht auf Absolutheit der Normativität) jeder einseitigen Ethik, es gäbe *viele* Ethiken im Rahmen vieler Seiender. In moralischer Hinsicht folgte eine *Selbstbeschränkung*, ein *Rückzug* aus Masslosigkeit und Hybris; Mittelmass und Selbstbescheidung wären einer Ethik auf *Konsens* und Mehrheitsbeschluss geschuldet. Tagespolitisch liesse sich dies wie folgt ausdrücken: Ein „qualitatives Wachstum" wird angestrebt. Vertiefter findet sich bei Jonas´ Prinzip der *Treuhänderschaft gegenüber der Natur* der Gedanke einer neuen Ethik.

1. Hans Jonas: Das Prinzip Verantwortung

Hans Jonas versucht aus dem ethischen Vakuum[16] (keine religiöse Gesinnung, nur menschliche Dezession) ein neues, nicht-deterministisches *Sollen* aufgrund der Metaphysik zu begründen. Ausgangspunkt ist: Dass *etwas* (z. B. die Menschheit) und *warum* dieses *sein soll*, und dass die *Möglichkeit* einer rationalen Metaphysik neben der positiven Wissenschaft eingeräumt werden muss.[17] Seinen Ausgangspunkt sieht Jonas vor allem vor dem weitausschreitenden Szenario der *modernen Technologien* und deren *apokalyptischen Möglichkeiten* (im Sinne von ungehemmter Ausweitung, ungehindertem Fortschritt), bar jeder Rückgängigmachung. Er nennt dies seine „Heuristik der Furcht".[18] (Eine Facette hiervon wäre der moderne Wissenschaftszweig namens Technikfolgenforschung und –abschätzung. Vgl. auch Klaus Michael Meyer-Abich: Wissenschaft für die Zukunft, S. 122.) Verbunden wird diese Furcht mit der „Pflicht zur Zukunft" allen Lebens, die sich in *einem selbstlosen Fall* äussert, nämlich mit der Geburt gegenüber dem Neugeborenen. Für Jonas liegt hier das „Urbeispiel" vor, der „Archetyp alles verantwortlichen Handelns, der zum Glück keiner Deduktion (...) bedarf, sondern uns (...) von der Natur mächtig eingepflanzt ist."[19] „(...) (D)as

Neugeborene, dessen bloßes Atmen (*Sein eines Seienden, A. D.*) ein unwiderstehliches (*immanentes, A. D.*) Sollen an die Umwelt richtet, nämlich: sich seiner anzunehmen", benutzt er als „*ontisches* Paradigma"[20], das die Kluft von Sein und Sollen zu überbrücken scheint. Von hier lässt sich die Analogisierung verstehen, wenn Jonas der Natur und der gesamten Biosphäre Selbstzweck unterstellt, den es zu verantworten gilt. Das immanente Sollen für ein Neugeborenes und dessen Zukunft impliziert eine ebensolche Pflicht für die Zukunft der Natur.[21] Wie oben erwähnt, versteht sich von hier aus die Komplikationsbehaftetheit des Prinzips der Verantwortung.

2. Klaus Michael Meyer-Abich: Holistisches Denken in ökologischer und gesellschaftlicher Verantwortung.

Sein Konzept der *Rechtsgemeinschaft mit der Natur* nimmt vor allem die Wissenschaft (und somit deren Verhältnis zur Wahrheit) in den Bereich der Verantwortung. Er erläutert am Beispiel Newtons und Goethes Theorien des Lichts, dass das Wissen sichtbedingt, also subjektiv ist. Es gäbe alternative Wahrheiten, nur hat eben jener *Handlungscharakter* der herrschenden Wissenschaft den wirtschaftlichen Umgang mit der Natur im Interesse der Industrie erfolgreich ermöglicht – und bis dato zu ermöglichen.[22] „*Die Wissenschaft handelt von ihrem Gegenstand so, wie sie ihn behandelt.*"[23] Diese von ihm als Tat-Sachen bezeichnete Erkenntnisart der Wissenschaft zielt gerade nicht auf „(...) die Natur der Dinge, ihr Wesen (...)"[24] ab. Hier ergibt sich die weitere Sichtweise: Entweder wird die natürliche Mitwelt als Materie und Material für menschliche Zwecke wahrgenommen oder die Erkenntnis ihres jeweiligen Eigenwerts im Ganzen - mit dem Menschen als der Natur bedürftigem Teil - interessiert.[25] Meyer-Abich plädiert für „eine holistische Erkenntnis der Lebenszusammenhänge in Natur und Gesellschaft, denen technische Systeme angemessen sein sollen." Dabei fordert er beide Wissenschaftsgruppen, die Natur- und die Sozial-/Geisteswissenschaftler, auf, „das beidäugige perspektivische Sehen"[26] erheblich weitergehend zu üben. Eine nicht zu unterschätzende Stellung weist er dabei den erkenntnisleitenden Gefühlen zu, die beflissentlich in Wissenschaft, repressiver Politik und Technik vernachlässigt werden. Deshalb lanciert er das *Gefühl* als „erkenntnisleitend für den Gedanken, daß wir im Erkennen und Handeln den Frieden mit der Natur suchen sollten."[27] Eine Wissenschaft wird also, soll sie Fortschritt für den Menschen und die ganze Natur sein, dem stetig anwachsenden „Zerstörungswissen"[28] abschwören müssen.

V.   Schluss

„Krieg gegen die Natur" (Uexküll) und/oder „Frieden mit der Natur" (Meyer-Abich)- es lässt sich dieser Spannungsbogen menschlicher Verhaltensweisen einerseits und Wünsche andererseits nicht auflösen, egal welche naturwissenschaftliche Sicht(en) und welch ganzheitliches Denken bemüht werden. Da die Wissenschaften tendenziell mikroskopischer werden (siehe nur die breitgefächerte science of life, der sog. genetischen Revolution), die Unvorhersagbarkeit der Folgen nur in weiter Zukunft eventuelle Antworten erlaubt und ökonomischer Zwang das lokale und globale vor allem kurzfristige Interesse und Verhalten scheinbar „diktiert", so bin ich leise in meinem Optimismus auf das lautmalerische „qualitatives Wachstum", wie es tagespolitisch kursiert. Die wirkliche Welt jedoch bleibt in ihrer Wirklichkeit „(...) prozeßhaft und unabgeschlossen."[29] Die Wirklichkeit jener, die eine höhere Schau des Lebens ausüben, wird empirisch nicht verifizierbar sein, sonst wäre sie keine höhere Schau. Und selbst wenn, was hätte dies für praktische Konsequenzen? Nur ein Gebot der *Gleichrangigkeit beider Sichtweisen* würde diesem Dilemma einen Ausweg weisen. Für das praktische Handeln, insbesondere auf wessen ethischer Grundlage beruhend, stellen sich so die positiven und/oder negativen Vorzeichen.

VI.   Anmerkungen

[1] Jakob von Uexküll/Bernd Dost (Hrsg.): Projekte der Hoffnung: der alternative Nobelpreis, München 1990, S. 14.
[2] Ken Wilber: Das Holographische Weltbild – das Paradigma des New Age? Ein Gespräch mit Ken Wilber, in: Ken Wilber (Hrsg.): Das holographische Weltbild. Wissenschaft und Forschung auf dem Weg zu einem ganzheitlichen Weltverständnis – Erkenntnisse der Avantgarde der Naturwissenschaften, 1. Auflage Bern/München/Wien 1986, S. 275ff.
[3] Zit. nach Karen Gloy: Das Verständnis der Natur, Die Geschichte ganzheitlichen Denkens, Bd. 2., München 1996, S. 162.
[4] Ebenda, S. 154-164.
[5] Regine Kather: Was ist Leben? Philosophische Positionen und Perspektiven, Darmstadt 2003, S. 109f.
[6] Zitiert nach ebenda, S. 102.
[7] Vgl. dazu Karen Gloy: Das Verständnis der Natur, Bd. 2., S. 154-169. Hierzu besonders empfehlenswert: Marco Bischof: Biophotonen. Das Licht in unseren Zellen, 5. Auflage, Frankfurt am Main 1995.
[8] Regine Kather: Was ist Leben?, S. 110.
[9] Vgl. ebenda, S. 94ff.
[10] Ebenda, S. 76.
[11] (Zit. nach ebenda, S. 69.; Vgl. auch Immanuel Kant: Kritik der Urteilskraft, in: Die digitale Bibliothek der Philosophie. Von der Antike bis zur Moderne, DIRECTMEDIA Berlin 2001, S. 29022ff.)
[12] (Vgl. Karen Gloy: Denkanstösse zu einer Philosophie der Zukunft, 1. Auflage Wien 2002, S. 47f.)
[13] Karen Gloy: Das Verständnis der Natur, Bd.2., S. 176f.
[14] Zit. nach ebenda, S. 185.
[15] Ebenda, S. 181f.
[16] Hans Jonas: Das Prinzip Verantwortung. Versuch einer Ethik für die technologische Zivilisation, 1. Auflage der Ausgabe 2003, Frankfurt am Main 1979, S. 57f.
[17] Ebenda, S. 96ff.
[18] Ebenda, S. 8.
[19] Ebenda, S. 84ff.

[20] Ebenda, S. 234f.
[21] Ebenda, S. 245ff.
[22] Klaus Michael Meyer-Abich: Wissenschaft für die Zukunft. Holistisches Denken in ökologischer und gesellschaftlicher Verantwortung, München 1988, S. 62ff., S. 70f.
[23] Ebenda, S. 66.
[24] Ebenda, S. 62.
[25] Vgl. ebenda, S. 71f.
[26] Ebenda, S. 125f.
[27] Ebenda, S. 131.
[28] Ebenda, S. 13.
[29] Regine Kather: Der Mensch – Kind der Natur oder des Geistes? Wege zu einer ganzheitlichen Sicht der Natur Würzburg 1994, S. 240f.

Literatur:

- Bischof, Marco: Biophotonen. Das Licht in unseren Zellen, 5. Auflage Frankfurt am Main 1995.

- Gloy, Karen: Das Verständnis der Natur. Die Geschichte ganzheitlichen Denkens, Bd. 2., München 1996.

- Gloy, Karen: Denkanstöße zu einer Philosophie der Zukunft, 1. Aufl. Wien 2002. (Passagen Philosophie).

- Jonas, Hans: Das Prinzip Verantwortung. Versuch einer Ethik für die technologische Zivilisation, 1. Auflage der Ausgabe 2003, Frankfurt am Main 1979.

- Kant, Immanuel: Kritik der Urteilskraft, in: Die digitale Bibliothek der Philosophie. Von der Antike bis zur Moderne, DIRECTMEDIA Berlin 2001, S. 28644-29232.

- Kather, Regine: Der Mensch – Kind der Natur oder des Geistes? Wege zu einer ganzheitlichen Sicht der Natur, Würzburg 1994.

- Kather, Regine: Was ist Leben? Philosophische Positionen und Perspektiven, Darmstadt 2003.

- Meyer-Abich, Klaus Michael: Wissenschaft für die Zukunft. Holistisches Denken in ökologischer und gesellschaftlicher Verantwortung, München 1988.

- Uexküll, von Jakob/Bernd Dost (Hrsg.): Projekte der Hoffnung: der Alternative Nobelpreis, München 1990.

- Wilber, Ken: Das holographische Weltbild – das Paradigma des New Age? Ein Gespräch mit Ken Wilber, in: Wilber, Ken (Hrsg.): Das holographische Weltbild. Wissenschaft und Forschung auf dem Weg zu einem ganzheitlichen Verständnis - Erkenntnisse der Avantgarde der Naturwissenschaften, 1. Auflage Bern/München/Wien 1986. S. 253-305.